DIE MACHT DER KÖRPERSPRACHE

Tipps für die effiziente Nutzung und Analyse von Körpersprache

Verfasst von Rosanna Gangemi

Übersetzt von Leonie Kremer

Für die Arbeitswelt   50MINUTEN.de

DIE MACHT DER KÖRPERSPRACHE

Tipps für die effiziente Nutzung und Analyse von Körpersprache

50MINUTEN.de

NEUER SCHWUNG
FÜR IHRE KARRIERE

EFFIZIENTE
ARBEITSORGANISATION

Erfolg durch Leadership

Konstruktives Feedback

Die Macht der Körpersprache

Zielführendes Projektmanagement

www.50Minuten.de

DIE MACHT DER KÖRPERSPRACHE

- **Ziel:** Seine Worte und Körpersprache in Einklang bringen und dadurch überzeugend und effizient kommunizieren
- **Anwendung:** Da Körpersprache ein integraler Teil der der alltäglichen Kommunikation ist, können wir durch ihre Beherrschung deutlich machen, was wie ausdrücken wollen, um bei der Arbeit so professionell wie möglich zu erscheinen. Wenn wir verstehen, wie sie eingesetzt wird, können wir auch das Verhalten unserer Kollegen besser deuten.
- **Arbeitskontext:** Bewerbungsgespräche, Präsentationen, Verhandlungen, Kundenbetreuung, soziale Kontakte im Unternehmen etc.
- **FAQ:**
  - Wie kann ich meine Nervosität kaschieren und selbstbewusst wirken?
  - Wie kann ich unnötige Ticks unterbinden, die die Aufmerksamkeit meiner Gesprächspartner auf sich ziehen?

- Was muss ich vermeiden, damit ein mir unterstellter Kollege sich in meiner Gegenwart wohlfühlt?
- Wie überzeuge ich einen Kunden davon, dass mein Produkt das beste ist?
- Wie präsentiere ich meinen Kollegen ein Projekt?
- Wie entschlüssele ich das Verhalten meines Gesprächspartners?

EINLEITUNG

> Was jemand denkt, merkt man weniger an seinen Ansichten als an seinem Verhalten. (Isaac Bashevis Singer)

Wem ist es nicht schon einmal so gegangen, seine Antworten für ein Bewerbungsgespräch bis zur Perfektion auswendig gelernt zu haben und dann trotz alledem während des Gesprächs eine schlechte Körperhaltung angenommen zu haben? Wenn Ihnen eine solche Situation bekannt vorkommt und Sie frustriert darüber sind, dass Ihre Botschaft nicht richtig ankommt, dann seien Sie beruhigt: Es ist mithilfe von ein paar einfachen Tricks möglich, Ihre Körpersprache zu kontrollieren und so an Ihre Ziele zu gelangen.

Da Ihr Gesichtsausdruck, Ihre Gesten und auch Ihre Körperhaltung die gleiche Überzeugungskraft haben wie Ihre Worte, ist es wichtig, zu wissen, was etwas über Ihre Stimmungslage, Gefühle oder Gedanken verrät. Ihre Körpersprache ist zwar teilweise tief in Ihrem Unterbewusstsein verankert, dennoch können Sie lernen, sie in entscheidenden Momenten zu kontrollieren. Bei Meetings beispielsweise entscheiden Ihre Zuhörer aufgrund Ihrer Körpersprache, ob ihr erster Eindruck des Gesagten richtig war, oder ob sie ihn revidieren müssen. Die Grenze zwischen einem Meeting, das in einem Fiasko endet, und einem, in dem Sie alle mit Ihrer Ausstrahlung nachhaltig beeindruckt haben, kann daher äußerst schmal sein. Beim Poker werden solche störenden Signale „Tells" genannt, da die Spieler dadurch etwas über die Intention ihrer Kontrahenten erfahren. Auch beim Flirten spielt Körpersprache eine wichtige Rolle, da sich das romantische Interesse einer Person in Mikroexpressionen ausdrückt (ein vom amerikanischen Psychologen Paul Ekman [geboren 1934] entwickeltes Konzept).

In der Arbeitswelt, wo Beziehungen oft nur auf Oberflächlichkeiten basieren, ist die Beherrschung seiner Körpersprache (oder relative Meisterung, da es unmöglich ist, sein komplettes Verhalten zu kontrollieren) äußerst entscheidend. Es überrascht kaum, dass Personen des öffentlichen Lebens besonders viel an ihrer non-verbalen Kommunikation arbeiten. Politiker, aber auch Manager, arbeiten kontinuierlich an ihrer Ausdruckskraft, um die Aufmerksamkeit auf sich zu ziehen und zu überzeugen. Sie nehmen daher häufig die Dienste von „Körpersprache-Profilern" in Anspruch.

KÖRPERSPRACHE: DIE GRUNDLAGEN

Man kann nicht nicht kommunizieren. (Paul Watzlawick, Janet H. Beavin, Donald D. Jackson)

Unser Körper sendet ständig Informationen, was als eigene Kommunikationsart angesehen werden kann. Mit Körpersprache kann man Akzente setzen, seine Position bestärken, differenzieren und dem, was in Worten gesagt wird, widersprechen. Diese Art der physischen Kommunikation – egal ob beabsichtigt oder nicht, visuell (Gesten, Haltung etc.) oder stimmlich (Tonfall, Sprechgeschwindigkeit etc.) – funktioniert durch Berührungen, Sprechen, hormonale Mechanismen, durch Gesten und Bewegungen, die nur durch die Zugehörigkeit einer gemeinsame Kultur interpretiert werden können.

Die Personalagentur OfficeTeam fand bei einer in Frankreich unter 200 Personalleitern ausgeführten Studie heraus, dass einige scheinbar unbedeutende Gesten über den Verlauf einer Karriere entscheiden können. Die Studie besagt außerdem, dass 90 % der Personalleiter bei Bewerbungsgesprächen auf die Gesten und die Haltung der Bewerber achten. Diese Ergebnisse bestätigen eine der bekanntesten Studien dieses Felds, die von Albert Mehrabian (iranisch-amerikanischer Psychologe, geboren 1939) durchgeführt wurde und laut der eine emotionale Botschaft (Gefühl oder Stimmungslage) der Regel der 3 Vs folgt (bekannt als 7-38-55-Regel):

- 55 % nonverbal (visuelle Kommunikation);
- 38 % paraverbal (stimmlicher Ausdruck);
- und nur 7 % verbal (Inhalt)

Die Übermittlung einer emotionalen Nachricht

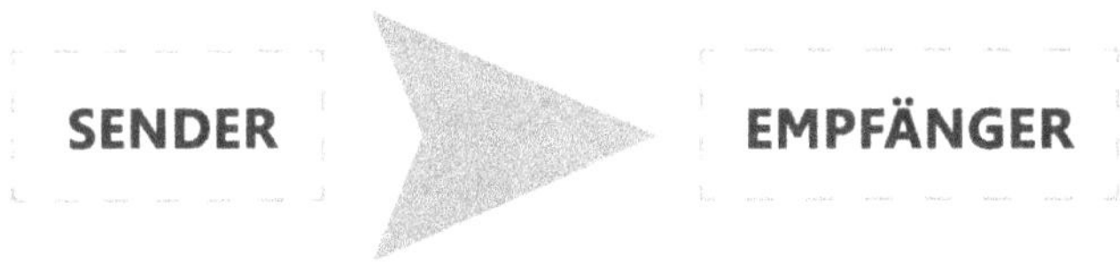

Diese Hypothese muss allerdings differenziert betrachtet werden, da sie nicht für neutrale Diskurse gültig ist (Fachdiskussion, Unterricht etc.).

ÜBEREINSTIMMUNG

Um Kommunikation zu optimieren, müssen die drei Ausdrucksformen übereinstimmen. Wenn mit zwei Diskursen aus verschiedenen Kanälen unterschiedliche Signale gleichzeitig gesendet werden, ist es wahrscheinlich, dass der Empfänger die Nachricht nicht komplett versteht. So ist es beispielsweise nicht empfehlenswert, jemandem die Hand zu schütteln und dabei „Guten Tag" zu murmeln, ohne die Person dabei anzusehen. Ähnlich ungünstig ist es etwas zu sagen wie „Ich finde Ihr Gehaltsangebot angemessen" und gleichzeitig Augenkontakt zu vermeiden, Ihre Hand vor den Mund zu halten oder ein Lächeln vorzutäuschen!

NONVERBALE UND PARAVERBALE KOMMUNIKATION ENTSCHLÜSSELN

Da Sie sich jetzt über die Macht der Körpersprache bewusst werden konnten, werden nun die aufschlussreichsten Gesten und Haltungen analysiert, die es bei positiver und negativer Körpersprache gibt. Achtung: Einige Gesten können je nach Situation verschiedene Bedeutungen haben!

Mit den folgenden Informationen werden Sie nicht nur mehr über Ihre eigene Körpersprache lernen, sondern auch in der Lage sein, die Gesten Ihrer Gesprächspartner zu interpretieren.

Untersuchungen diverser Experten auf diesem Gebiet – wobei im Folgenden insbesondere auf die von Joseph Messinger (1945-2012) eingegangen werden wird – zeigen, dass man den gewünschten Eindruck hinterlassen und die nonverbalen Botschaften des anderen dekodieren kann. Dazu muss man lediglich aufmerksam auf seine eigene Körpersprache und die seines Gegenübers achten.

Die Körperhaltung

- **Der Kopf**: Auch wenn die meisten Menschen ihren Kopf automatisch neigen, ist ihnen meist nicht bewusst, welche Botschaft sie damit senden. Eine Rechtsneigung zeigt eine Verbindung zum Rationalen, eine Linksneigung wiederum eine Verbindung zum Emotionalen. Den Kopf zu heben zeigt Selbstbewusstsein und -sicherheit. Aus diesem Grund sollte diese Position nicht zu oft eingenommen werden, da Sie sonst aggressiv oder hochmütig wirken könnten. Achten Sie bei Interaktionen darauf, niemals körperliche Unterwerfung zu zeigen: Ein nach unten geneigter Kopf impliziert Aufgabe bzw. Niederlage und erinnert an einen beschämten

Schüler bzw. das Verhältnis zwischen Kind und Autoritätsperson, es kann ebenfalls auch auf Traurigkeit hindeuten.

To Do

Lehnen Sie Ihren Kopf leicht zu Seite, sodass man Ihren Hals sehen kann, damit sich Ihr Gesprächspartner wohl fühlt. So schaffen Sie eine freundliche Atmosphäre. Diese Haltung zeigt, dass Sie aufmerksam und aufnahmefähig sind.

- **Die Schultern**: Wenn Sie gegenüber einem Personalvermittler sitzen, sollten Sie nicht so aussehen, als würden Sie die Last der Welt auf Ihren Schultern tragen: Ziehen Sie sie hoch, dann nach hinten und entspannen Sie sie dann. Strecken Sie die Brust leicht heraus und zwingen Sie sich, immer gerade zu sitzen, bis es zu einer Angewohnheit geworden ist. So erscheinen Sie respektvoll und aufmerksam.
- **Der Rumpf**: Wenn Sie mit einem Lächeln und einem Handschlag einen Deal besiegeln, muss der Rest des Körpers die gleiche Botschaft ausstrahlen. Richten Sie der anderen Person Ihren

Körper zu, wenn Sie von ihr gemocht werden wollen und Sie Ihren positiven Eindruck verstärken wollen.

ACHTUNG!

Vermeiden Sie Positionen durch die Sie zu passiv erscheinen, weil sie unvorteilhaft für Sie sind (sitzend, runder Rücken, hängende Arme) oder im Gegenteil Arroganz oder fehlendes Selbstvertrauen suggerieren (zurückgelehnter Kopf, ausweichender Blick).

Sie sollten tief ein- und ausatmen können und den Eindruck erwecken, dass Sie die Kontrolle haben und hinter dem stehen, was Sie sagen.

- Wenn Sie stehen, platzieren Sie Ihre Füße in Hüftbreite und wenn Sie sitzen, legen Sie Ihre Arme auf die Armlehne. Bleiben Sie in einer eleganten Position, seien Sie aufmerksam gegenüber Ihrem Umfeld und nehmen Sie eine offene Körperhaltung ein. Je mehr Raum Sie für sich beanspruchen, desto mehr Macht demonstrieren Sie und zeigen dadurch Autorität. Es handelt sich dabei um eine sogenannte „Power Pose". Wenn Sie mehr über Ihre Bewegungen lernen wollen, sollten Sie die Arbeiten von Dr. Moshé Feldenkrais (1904-1984) konsultieren.

Das Gesicht

- **Das Lächeln**: Ein „Lächeln" mit geschlossenem Mund und zusammengepressten Lippen wird Sie nicht weit bringen. Wie kann man also ein ehrliches Lächeln von einem vorgetäuschten unterscheiden? Ersteres bleibt einige Zeit im Gesicht sichtbar, während zweiteres sofort wieder verschwindet. Beim Lächeln ist es normal, dass die oberen Zähne zu sehen sind, während Lächeln bei denen man alle Zähne sieht – denken Sie beispielsweise an Hollywood-Stars – oftmals gespielt sind. Achtung: Wenn Sie sehr nervös sind, haben Sie vielleicht das Gefühl zu lächeln, Ihre Gesichtszüge sind aber in Wirklichkeit eingefroren. Vor einem wichtigen Meeting können Sie daher diesen kleinen Trick ausprobieren: Geben Sie sich selbst eine kleine Gesichtsmassage mit sanften Bewegungen vom Kinn bis zur Stirn. Wenn eine Person Ihr Lächeln doch einmal nicht erwidert, messen Sie dem in diesem Moment keine allzu große Bedeutung zu.

- **Die Pupillen**: Geweitete Pupillen zeigen positive Gefühle, Interesse oder Offenheit, was anziehend wirken kann. Im Gegenteil verdeutlichen zusammengezogene Pupillen negative Gefühle, wie Angst, Desinteresse, Abscheu oder Unehrlichkeiten.
- **Der Blick**: Die Richtung eines Blicks sagt viel über die Gedanken einer Person aus:
  - Wenn der Blick nach oben links geht, denkt die Person an etwas in der Vergangenheit.
  - Wenn der Blick gerade, ins Nichts geht, zweifelt die Person und denkt nach.
  - Ein Blick nach unten links bedeutet, dass sie versucht eine Entscheidung zu treffen und einen inneren Monolog führt.
  - Geht der Blick auf mittlerer Höhe nach links, versteht sie.
- Dem australischen Experten für Körpersprache Allan Pease (geboren 1952) zufolge tendieren lügende Männer dazu, den Blick zu neigen, während Frauen beim Lügen den Blick heben.

Die Gliedmaßen

- **Die Arme**: Die Art, wie Sie Ihre Arme halten, ist für Ihr Gegenüber, ein Indikator dafür, inwieweit Sie seinem Diskurs folgen.

- Sind Ihre Arme an Ihrer Seite, zeigen Sie Ihr Wohlbefinden und dass Sie keine Angst vor möglichen neuen Entwicklungen haben.
- Wenn Sie Ihre Arme verschränken, senden Sie eine negative Botschaft: Sie zeigen sich defensiv und in der Konsequenz nicht aufnahmefähig für die Informationen, die Ihnen übermittelt werden.
- Wenn Sie beim Bewegen der Arme geöffnete Handflächen haben, wirken Sie offener und sympathischer

TIPP FÜR DEN BEWERBER

Bei einem Vorstellungsgespräch begrenzt sich der Platz des Bewerbers auf seinen Stuhl. Stützen Sie also Ihre Ellenbogen nicht auf den Tisch auf, da Sie damit in den Bereich Ihres Gegenübers eindringen. Auch wenn Sie beim Reden viel gestikulieren, sollten Sie darauf achten, Ihre Hände nah am Körper zu behalten, damit Ihre Bewegungen nicht unkontrolliert erscheinen.

- **Die Hände**: Nach den Studien von Susan
  Goldin-Meadow (geboren 1949) und ihren
  Kollegen vom Institut für Psychologie der
  University of Chicago unterstützt Bewegung
  bei einigen Leuten ihre Gehirnaktivität (eine
  Methode, die besonders unter Schauspielern
  verbreitet ist, die ihren Text im Gehen lernen):
  Diese „Externalisierung" hilft bei mentalen
  Prozessen. Bei einem Bewerbungsgespräch
  können Sie zwar nicht einfach im Raum auf-
  und abgehen, aber gestikulieren Sie ruhig
  (ohne es zu übertreiben), um Ihr Gehirn in
  Schwung zu bringen.

Symbolik der Hände

POSITIVE EINDRÜCKE	
Handflächen sind für die andere Person sichtbar	Vertrauen
Hände sind auf den Stuhllehnen, eine Position für aktives Zuhören	Achtung und Interesse
Hände bilden ein Dreieck	Spitze nach oben: Aktion Spitze nach unten: Achtung
Unterarme flach hinlegen	Selbstvertrauen
Hände nahe am Körper haben	Ungezwungenheit, Eleganz
Beim Sprechen gestikulieren	Aufmerksamkeit des Zuhörers und Einprägsamkeit bestärken

Symbolik der Hände

POSITIVE EINDRÜCKE	
Beim Händeschütteln die Handinnenfläche leicht nach oben drehen, seinen eigenen Handdruck anpassen	Offenheit und Achtung
Hände hinter dem Rücken verschränkt	Vertrauen, Kontrolle, Dominanz
Hände aneinander reiben	Optimistische Voraussage
Sporadische Notizen machen	Interesse

NEGATIVE EINDRÜCKE	
Hände zwischen den Beinen einklemmen	Fehlendes Vertrauen
Hände auf den Hüften	Dominanz
Zeigefinger auf der Nase	Frage
Gefaltete Hände	Schutzbedürfnis
Hände in den Taschen lassen	Fehlende Beachtung
Mit einem Gegenstand spielen (Blatt, Stift etc.)	Stress
Mit beiden Händen grüßen	Freundschaft und Empathie, aber vielleicht als zu einnehmend wahrgenommen
Eine Körperstelle berühren (Strähne, Ohrläppchen etc.)	Zweifel, Zögern, Langeweile oder Lust zu verführen
Zeigefinger auf der Schläfe, Daumen am Kinn	Langeweile oder Einschätzung
Auf etwas kritzeln	Fehlendes Engagement

- Außerdem besitzen Ihre Hände eine eindeutige „externe" Kraft. Die Berührung ist eines der primitivsten nonverbalen Signale und ein Mittel, um einen guten Eindruck bei der ersten Begegnung zu machen, da so eine einzigartige

Verbindung mit dem Gesprächspartner aufgebaut wird. Achten Sie deshalb besonders auf Ihren Handschlag, der in der Regel der einzige Körperkontakt ist, der im beruflichen Umfeld akzeptiert wird.

ZUSATZINFORMATION: DER HANDSCHLAG

Ein gelungener Handschlag hinterlässt einen bleibenden positiven Eindruck bei Ihrem Gegenüber. Dafür sollten Sie folgendes vermeiden:

- **Schlaffer Handschlag**: Eine schlaffe Hand zu schütteln ist nicht angenehm und zudem oft Zeichen eines schwachen Charakters. Trotzdem sollte auch nicht zu fest zugedrückt werden, da Sie sonst zu aggressiv oder dominant wirken könnten.
- **Schwitzige Hand**: Viele Menschen sind vor Vorstellungsgesprächen nervös, was sich in schwitzigen Händen ausdrückt. Mit einem kleinen Trick wirken Sie dem entgegen: Halten Sie Ihre Hände unter kaltes Wasser, reiben Sie sie mit Talkumpuder ein oder wischen Sie kurz vor dem Beginn

des Gesprächs Ihre Hände an einem Taschentuch ab.
- **Missverständliche Körperhaltung**: Bleiben Sie zum Händeschütteln nicht sitzen und vermeiden Sie, sich quer über den Tisch zu lehnen. Für gewöhnlich bietet die älteste bzw. hierarchisch höhergestellte Person den Handschlag an.

- **Die Beine**: Die Annahme, dass überkreuzte Beine, ebenso wie überkreuzte Arme, ein Zeichen für Abwehr und Distanz sind, ist zwar weit verbreitet, allerdings sollten hier unterschiedliche Beinhaltungen voneinander differenziert werden.
  - Die Beine auf Kniehöhe zu überkreuzen, selbst bei einem Bewerbungsgespräch, ist eine klassische Position, die besonders bei Männern elegant wirkt.
  - Wenn Arme und Beine gleichzeitig überkreuzt sind, signalisiert die Person Verschlossenheit/Abwehr.
  - Legt man den Knöchel des angewinkelten Beins auf dem anderen Knie ab, zeigt man sich entspannt – oder aber bereit in Wettbewerb zu treten und leistungsbereit.

Diese typischerweise maskuline Haltung ist nicht sehr elegant.

- ◦ Doppelt gekreuzte Beine – egal ob im Sitzen oder Stehen – könnten ein Zeichen von Unwohlsein und Selbstschutz sein.
- ◦ Unter dem Stuhl gekreuzte Beine zeigen Schüchternheit oder eine gewisse Unsicherheit.
- ◦ Wenn Sie eine lange Zeit stehen müssen, empfiehlt es sich, das Gewicht gleichmäßig auf beide Füße zu verteilen und dadurch zu vermeiden, in der Hüfte einzuknicken oder von einer Seite zur anderen zu wippen.

- **Die Füße**: Wider Erwarten finden Füße große Beachtung. Zusammen mit den Händen senden sie die meisten Signale. Deshalb sollten Sie nicht von einem auf den anderen balancieren oder – noch schlimmer – mit dem Fuß tippen. Dies zeugt von Langeweile, Nervosität oder Verärgerung und stört die andere Person wahrscheinlich. Wenn Sie ein Gespräch im Stehen führen, richten Sie Ihre Aufmerksamkeit auf die Position der Füße des anderen.

Symbolik der Füße

POSITIVE EINDRÜCKE	
Parallel und im Boden verankert	Präsenz
Im Sitzen: Füße auf dem Boden, gerader Rücken	Selbstvertrauen
Der anderen Person zugewandt	Wille zur Kommunikation
NEGATIVE EINDRÜCKE	
Unter dem Stuhl gekreuzt	Schüchternheit
Richtung Tür positioniert	Fluchtgedanke
Einer Person zugewandt bleiben, obwohl eine dritte Person dazukommt	Fehlende Offenheit (dem Neuen gegenüber)

<u>ZUSATZINFORMATION: PROXEMIK</u>

Die Proxemik (Raumverhalten) untersucht und beschreibt die Beziehung, die der Mensch, als spezifisches kulturelles Produkt, mit dem Raum um ihn herum hat.

Edward T. Hall (amerikanischer Anthropologe und Begründer der Proxemik, 1914-2009), zufolge kann man die physische Distanz zwischen Menschen in vier Bereiche einteilen. Diese Zonen zu überschreiten löst entweder diskrete oder offensichtliche Reaktionen wie Aggressivität oder Flucht aus. Es ist daher empfehlenswert, sich mit ihnen zu beschäftigen, denn dies ermöglicht eine respektvolle und wohlwollende Kommunikation.

Distanzzonen von Hall

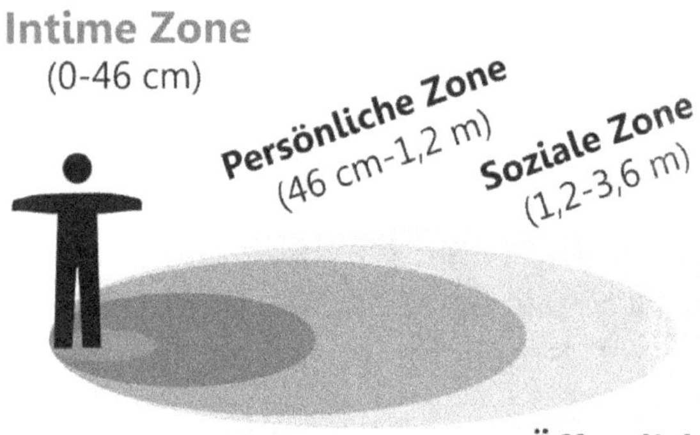

- Intime Zone (0-46 cm): reserviert für besondere Beziehungen (einige Familienmitglieder, Partner und sehr enge Freunde)
- Persönliche Zone (46 cm-1,2 m): für Menschen, die wir mögen und schätzen (Freunde, Kollegen, mit denen man auch außerhalb der Arbeit Zeit verbringt etc.)
- Soziale Zone (1,2 m-3,6 m): für neue Bekanntschaften. Bei dieser Distanz fühlt man sich sicher und kann seine Gefühle kontrollieren.

- Öffentliche Zone (mehr als 3,6 m): für Interaktionen, die in Gruppen (bei einem Meeting oder einer Präsentation zum Beispiel) oder zwischen völlig Fremden stattfinden

Diese Angaben sind stark verallgemeinernd, weswegen Hall darauf hinweist, dass die Distanzen je nach Kultur variieren: So sind die Abstände in südeuropäischen und – mehr noch – in afrikanischen Ländern geringer als in nordeuropäischen.

Sich über seinen persönlichen Raum und den seines Gesprächspartners bewusst zu sein, hilft dabei, Fehler zu vermeiden. Achten Sie darauf, wo sich die Person am Anfang des Gesprächs spontan positioniert und beobachten Sie, ob sie sich Ihnen im Laufe der Zeit nähert. Der Durchschnitt dieser zwei Distanzen zeigt Ihnen an, wie viel Raum Sie ihr im Idealfall geben sollten.

DER MEHRSPRACHIGE KÖRPER

Während man Wut, Freude, Traurigkeit, Angst, Ekel und Erstaunen meist ohne Schwierigkeiten vom Gesicht eines anderen Menschen – unabhängig von dessen Herkunft und Kultur – ablesen kann, sind andere Aspekte der Körpersprache durchaus kulturspezifisch. Diese Beobachtung kann man sogar manchmal bei verschiedenen Kulturen innerhalb eines Landes feststellen. Von einem phylogenetischen Standpunkt aus beobachtet, scheinen bestimmte Bewegungen der Gesichtsmuskulatur, mit denen man ein Gefühl oder ein Bedürfnis ausdrückt, anerzogen zu sein. So ist es beispielsweise allgemein bekannt, dass Menschen aus nordeuropäischen und skandinavischen Ländern weniger über ihren Körper kommunizieren als Menschen aus südeuropäischen Ländern.

Es liegt also auf der Hand, dass Kulturschocks in entscheidenden Momenten, wie bei Bewerbungsgesprächen, vermieden werden sollten. Aus diesem Grund sollten Sie sich vor einer Karriere im Ausland über die dortigen Sitten und Gebräuche informieren: Ihr Gegenüber wird diese Art der Rücksichtnahme als Ausdruck von Respekt und Offenheit wahrnehmen, was für Sie den entscheidenden Unterschied ausmachen kann.

- **Besonderheiten in Schweden**: Die Schweden, die einen einfachen und kontrollierten Sprechstil bevorzugen, sind keine enthusiastischen Fans nonverbaler Kommunikation. Beispielsweise haben sie die Angewohnheit während eines Gesprächs eine gewisse Distanz einzuhalten, um nicht in den persönlichen Raum des anderen einzutreten.

- **Besonderheiten in Japan**: Während es in Europa undenkbar ist, seinem Gesprächspartner nicht direkt in die Augen zu sehen, schreiben die Gebräuche in Japan etwas ganz anderes vor. In diesem sehr hierarchischen Land will es die Sitte, dass man anstatt in die Augen auf den Hals des Gegenübers sieht. Dazu kommen noch ein paar weitere grundlegende Regeln:
  - Achten Sie beim Hinsetzen darauf, Ihre Schuhsohlen nicht zu zeigen (dieser Ratschlag gilt auch für arabische Länder), weil das als extrem unhöflich gilt.
  - Vermeiden Sie Körperkontakt, bis die andere Person Sie dazu einlädt.
  - Zwingen Sie sich nicht dazu, Stille mit Worten zu füllen. Europäer finden Redepausen vielleicht peinlich, in Japan werden sie jedoch als sehr wertvoll angesehen.

In der Morphopsychologie wird nach einem Zusammenhang zwischen dem Erscheinungsbild und dem Charakter einer Person gesucht, aber auch der Zusammenhang zwischen individueller Persönlichkeit und der körperlichen Ausdrucksweise kann untersucht werden. In einer weiteren, neuen Disziplin auf dem Feld der nonverbalen Kommunikation wird versucht, die Funktionsweise des menschlichen Geists anhand der Körpersprache zu entschlüsseln. Diese drei Disziplinen geben zwar einen Denkanstoß zur Bedeutung von physischen Signalen, man sollte sie aber kritisch hinterfragen.

Vermeiden Sie es voreilige Schlüsse zu ziehen, da diese zu Missverständnissen führen können. Einerseits kann das gleiche Signal in verschiedenen soziokulturellen Situationen und Kontexten etwas Unterschiedliches bedeuten, andererseits hat jeder Mensch seine persönliche Art sich auszudrücken. Betrachten Sie nonverbale Botschaften deswegen immer in ihrem Kontext!

Das Beispiel der verschränkten Arme veranschaulicht dies. Auch wenn zahlreiche Studien darin übereinstimmen, dass es sich dabei um eine defensive Geste handelt, kann diese Armhaltung auch das Gegenteil bedeuten, wenn der Oberkörper besonders gerade ist und ein wenig nach hinten geneigt wird. Dem amerikanischen Psychologen David McNeill (geboren 1933) zufolge, ist es sogar ein Zeichen von Unverwundbarkeit. Es könnte aber auch bedeuten, dass sich die Person einfach nur aufwärmt oder es sich gemütlich macht.

TOP TIPPS

- Probieren Sie die Mirroring-Methode (Spiegeleffekt): Versuchen Sie sich in die Person hineinzuversetzen, mit der Sie sprechen und nachzuempfinden, was sie denken könnte, wenn sie Ihre Gesichtsausdrücke, Gesten und Bewegungen sieht.

  - **Vor dem Bewerbungsgespräch**: Simulieren Sie mit einer Person, die kritisch genug ist und Ihnen gute Ratschläge geben kann, eine authentische Bewerbungsgespräch-Situation. Sie können sich auch filmen oder vor einem Spiegel üben. Dies wird Ihnen helfen, Gesten zu erkennen, die sich eines Tages negativ auswirken könnten.

  - **Während des Bewerbungsgesprächs**: Versuchen Sie auf subtile und natürliche Weise die Gesten und die Körperhaltung Ihres Gesprächspartners zu kopieren. Studien – vor allem im Bereich des neuro-linguistischen Programmierens – haben gezeigt, dass Menschen, die sich gut verstehen, dazu tendieren die gleichen Gesten quasi zeitgleich zu benutzen. Gleich und gleich gesellt sich gern!

- Lächeln Sie! Unterschätzen Sie niemals die Macht eines Lächelns – eins was vom Mund bis über die Augen reicht – da es Ihrem Gegenüber anzeigt, dass Sie eine zugängliche Person sind, kooperativ, positiv und sympathisch.

- Seien Sie ausdrucksstark! Stellen Sie direkten Augenkontakt her und halten Sie ihn, um der Person zu verdeutlichen, dass Sie offen sind und aufmerksam der Unterhaltung folgen. Halten Sie auch Augenkontakt, wenn Sie der anderen Person Ihre Hand geben. Achten Sie aber darauf, nicht zu starren, damit sich die andere Person nicht unwohl fühlt.

- Betrachten Sie Ihren Handschlag wie Ihre Visitenkarte. In der Arbeitswelt begrüßt man sich häufig, indem man sich die Hand gibt. Diese Geste sollte bestimmten Regeln folgen, kurz und fest sein.

- Bevorzugen Sie Haltungen, die eine gewisse Offenheit gegenüber Ihrem Gegenüber ausdrücken und positionieren Sie Ihren Körper dementsprechend. Untersuchungen der Northwestern University (2001) und der Columbia University (2011) haben bewiesen, dass unsere Haltung nicht nur unter unserer Laune und unserem Gefühlszustand leidet, sondern diese auch andersherum beeinflusst. Mit anderen Worten fühlen wir uns stolzer und selbstbewusster, wenn wir beispielsweise unsere Brust herausstrecken. Außerdem steigt das Testosteron-Level – das Hormon, das Wohlbefinden und mit Macht verbundene Gefühle fördert – und das Stress- und Cortisol-Level nimmt ab.

- Tragen Sie keine unnötigen Gegenstände mit sich herum. Bei Bewerbungsgesprächen tendieren einige Menschen dazu, etwas in der Hand zu halten, um so ihre Nervosität zu kaschieren. Dabei ist es aber besser, freie Hände zu haben, um seine Worte mit Gesten harmonisch zu begleiten, oder sie ruhig auf den Beinen abzulegen.

- Nehmen Sie eine elegante und überzeugende Haltung ein. Ein gerader Rücken zeigt Präsenz, Selbstbewusstsein und Selbstvertrauen. Egal ob bei einem Gespräch unter vier Augen oder bei einem Gruppen-Meeting um einen Tisch herum, Ihre Wirbelsäule sollte stets gerade, Ihre Schultern entspannt und Ihr Kopf gehoben sein. Beim Gehen können Sie dazu nach vorne sehen und einen Punkt am Horizont fixieren.

- Wählen Sie ein passendes Outfit, denn Ihre Kleidungswahl wird noch mehr analysiert werden als Ihre Haltung oder Ihre Gesten. Ihr Stil sollte zu der Arbeitsstelle passen, auf die Sie sich bewerben und zu dem Kontext des Bewerbungsgesprächs. Gehen Sie keine Risiken ein und versuchen Sie nicht jemand anders zu sein, als Sie sind. Das wichtigste bei einem Bewerbungsgespräch ist, dass Sie sich in Ihrer Kleidung wohlfühlen und gepflegt wirken.

ZUSATZINFORMATION: PARFÜM

Wählen Sie einen leichten Duft (oder gar kein Parfüm), um zu verhindern, den Raum mit einem Geruch zu füllen, der der anderen Person nicht gefällt und damit unterbewusst negativ beeinflusst.

- Entspannen Sie sich und konzentrieren Sie sich gleichzeitig. Ihr Gegenüber wird kleine Ticks vermutlich als unangenehm empfinden. Beispiele dafür sind, sich zehnmal die Haare hinters Ohr zu stecken, beim Lachen die Hand vor den Mund zu halten oder sich ständig an den Nacken zu fassen. Gleichzeitig werden diese Ticks auch Sie selbst ablenken, auch wenn Sie es vielleicht nicht direkt merken. Versuchen Sie also, sich zu kontrollieren, sich zu entspannen und ruhig zu atmen, um Ihren Gesprächspartner nicht abzulenken.

- In jedem Fall muss Ihr Diskurs für eine maximale Wirkung kohärent sein. Ihre verbalen und nonverbalen Signale sollten sich daher nicht widersprechen. Wenn Sie mit einer Geste bestimmte Aspekte unterstreichen oder einen Satz betonen, muss sie perfekt mit Ihren Worten synchronisiert sein.

FAQ

> Obwohl ich mir über die Wichtigkeit von Körpersprache bewusst bin und ich an mir arbeite, um sie zu beherrschen, zeige ich in beruflichen Situationen immer noch Zeichen von Angst. Diese irrationale Angst manifestiert sich in nervösen Gesten, einem trockenen Mund, Transpiration und angespannten Muskeln. In solchen Momenten habe ich den Eindruck, nicht mehr Herr über meinen Körper zu sein!

Keinen Stress zu empfinden ist bei einem wichtigen Meeting unerlässlich. Damit Sie sich in solchen Situationen nicht selbst sabotieren, sollten Sie sich gründlich und auf verschiedene Verlaufsmöglichkeiten vorbereiten.

- **Mildern Sie die sichtbaren Zeichen von Stress**: Sie können lernen, dieses Angstgefühl und die damit einhergehenden unangenehmen körperlichen Auswirkungen zu reduzieren. Da Stress durch potenzielle unerwartete Ereignisse ausgelöst wird, sollten Sie alles daransetzten, im Vorhinein etwas über Ihren Gesprächspartner, dessen Absichten und Ziele, herauszufinden. Gleichzeitig sollten Sie auf Ihren Körper achten: Denken Sie daran, sich auszuruhen und zu entspannen, lockern Sie Ihre Muskeln, atmen Sie tief ein, um Ihren Körper mit ausreichend Sauerstoff zu versorgen, meditieren Sie, schlafen Sie genug, essen Sie nichts, was Ihnen schwer im Magen liegt etc.

- **Bezwingen Sie die Angst**: Aktivitäten wie Theater, Musik, Tanz, Sport etc., die Sie dazu bringen mehr auf Ihren Körper zu hören und bei denen Sie vor Publikum stehen, werden Ihnen langfristig helfen. Indem Sie einer solchen Aktivität nachgehen, können Sie sich Ihrer Grenzen bewusst werden und lernen, Ihren Stress zu kontrollieren. Bei den genannten Tätigkeiten wird der Stress nach und nach abklingen und kann sich sogar bald als neue Antriebskraft herausstellen.

Mit anderen Worten: Ziehen Sie aus der Angst einen Vorteil und versuchen Sie nicht, sie zu vertreiben (was übrigens unmöglich ist): Seien Sie sich ihr bewusst und kanalisieren Sie sie, sodass aus der negativen Spannung eine positive Energie wird. Adrenalin wird dann den Rest erledigen.

WIE KANN ICH UNNÖTIGE TICKS UNTERBINDEN, DIE DIE AUFMERKSAMKEIT MEINER GESPRÄCHSPARTNER AUF SICH ZIEHEN?

> Bei Betriebsversammlungen bin ich dafür verantwortlich, den aktuellen Stand der Projekte zu präsentieren. Obwohl diese Aufgabe immer gleich ist, gelingt es mir nicht, meine Ticks abzustellen. Sie lenken nicht nur mich selbst, sondern auch mein Publikum ab.

Ticks, die bei diesen temporären Angstgefühlen auftreten, können sich unterschiedlich bemerkbar machen und haben verschiedene Ursachen. Um sie loszuwerden, sind mehrere Schritte notwendig:

1. **Werden Sie sich Ihrer Ticks bewusst**: Wenn Sie das geschafft haben, ist die Hälfte der Arbeit schon erledigt.
2. **Machen Sie regelmäßig Entspannungsübungen**, wie z. B. Yoga, konzentrieren Sie sich auf Ihre Atmung oder lassen Sie sich am Vortag Ihrer Präsentation massieren.
3. **Bereiten Sie sich so gut wie möglich vor (lernen Sie Ihren Text aber nicht auswendig), üben Sie mit lauter Stimme, um Ihr Publikum zu begeistern und zu überzeugen**: Mit einer minutiösen Vorbereitung steigt Ihr Selbstvertrauen und Sie liefern einen überzeugenden Vortrag. Als positiver Nebeneffekt werden Sie zudem Ihre nervösen Ticks automatisch unter Kontrolle haben.
4. **Arbeiten Sie an Ihrer Ausstrahlung**: Konzentrieren Sie Ihre Energie bei einer Präsentation auf Ihre Wortwahl, die Intonation Ihrer Stimme und die Übereinstimmung Ihrer Gesten. Schauen Sie Ihrem Publikum in die Augen und achten Sie darauf, jeder Person gleich viel Aufmerksamkeit zu schenken und von Zeit zu Zeit eine andere Person anzusehen (diese Methode wird vor allem in der Unterhaltungsbranche gelehrt).

Leichte, unfreiwillige, zwanghafte Ticks, die Sie immer wieder unkontrolliert und auf identische Weise beim Sprechen vor Publikum wiederholen, werden von Ihren Zuhörern übrigens eher außer Acht gelassen als Ticks, die vermeidlich kontrollierbar sind.

> Ich bin Unternehmenschef und ich vermute, dass ein neuer Mitarbeiter gemobbt wird. Ich möchte mit ihm darüber reden und eine Vertrauensperson für ihn sein, aber gleichzeitig meine Rolle als Arbeitgeber behalten.

Um als zugängliche Vertrauensperson wahrgenommen zu werden, ungeachtet Ihrer hierarchischen Überlegenheit, sollten Sie lernen, bestimmte Gesten, Verhaltensweisen und Haltungen zu vermeiden, die Ihnen in anderen Kontexten vielleicht natürlich vorkommen:

- Ihre Hände hinter dem Rücken halten oder die Arme verschränken, weil das bedeuten kann, dass Sie nicht angesprochen werden wollen.

- Augenkontakt vermeiden, da dies signalisiert, dass Sie dem, was der andere sagt, nicht viel Bedeutung zumessen.
- Beim Handschütteln die Handinnenfläche nach unten drehen, da das ein Zeichen für Dominanz sein kann.
- Sich auf den Stuhl fallen lassen, da Sie dadurch wirken, als würden Sie Ihre Macht demonstrieren, was einschüchternd wirken könnte.
- Die Hände in die Hüfte stemmen, da Sie so zu selbstbewusst wirken könnten, was einschüchternd wirkt.
- Die Hände in die Taschen stecken, da das im Arbeitskontext unseriös wirkt und dadurch Misstrauen fördert.
- In den persönlichen Raum der anderen Person eindringen, beispielsweise, wenn Sie lediglich 10 cm vor ihr stehen, denn das könnte als respektlos und rücksichtslos wahrgenommen werden.
- Nicht lächeln, da man so ernst, verschlossen, unfreundlich und gleichgültig wirkt.

> Ich kenne die Vorteile meines Produkts ganz genau und bin von seiner Leistungsfähigkeit und dem Nutzen, dem es einem wichtigen Kunden bringen wird, überzeugt. Trotzdem sieht es so aus, als würde meine Körpersprache bei einem Verkaufsgespräch meinen Argumenten widersprechen: Ich bin angespannt und nervös, wodurch meine Argumentation nicht richtig ankommt und ich die andere Person nicht überzeugen kann.

Ziehen Sie sich etwas Elegantes und Schlichtes an, worin Sie sich wohlfühlen, und gehen Sie selbstbewusst auf Ihren Kunden zu. Schauen Sie ihm direkt in die Augen, schenken Sie ihm ein ehrliches, natürliches Lächeln und geben Sie ihm den perfekten Handschlag (fest, aber gleichzeitig sanft, mit trockenen Händen, was Selbstbewusstsein signalisiert). Das ist sehr wichtig für einen guten ersten Eindruck. Zu diesem Zeitpunkt können Sie vielleicht schon etwas über die Persönlichkeit Ihres Gesprächspartners herauszufinden (seine Aufnahmebereitschaft, Vorlieben etc.).

Nehmen Sie eine sichere Haltung ein: Im Stehen positionieren Sie Ihre Füße in V-Form etwas auseinander, im Sitzen drücken Sie den unteren Rücken an Stuhllehne und öffnen Ihren Oberkörper. Wenden Sie sich Ihrem Kunden zu und versuchen Sie, ihm so nahe zu kommen, dass Sie in seinen persönlichen Bereich gelangen.

Wenn Sie wichtige Botschaften kommunizieren, setzen Sie Ihre Gesten gezielt ein – zum Beispiel in dem Sie Ihre Hände in Richtung des Kunden bewegen – und versuchen Sie seine Körpersprache zu kopieren (Mirroring), um eine besondere Verbindung aufzubauen. Verlieren Sie dabei nicht Ihr eigentliches Ziel aus den Augen, das darin besteht, sein Vertrauen zu gewinnen.

Seien Sie überzeugend, passen Sie Ihren Gesichtsausdruck Ihren Worten an und seien Sie aufmerksam für alles, was unausgesprochen bleibt. Beobachten Sie genau, um Argumente und Gesten zu identifizieren, mit denen Sie Ihren Kunden überzeugen können.

> Wenn ich meinen Kollegen Projekte präsentiere, habe ich häufig den Eindruck, dass sie gelangweilt sind und sie nur darauf warten, dass ich fertig werde.

Finden Sie zuerst heraus, ob sich Ihr Publikum wirklich langweilt, indem Sie auf bestimmte nonverbale Zeichen achten: Füße zeigen Richtung Ausgang, Blicke auf die Uhr, vermiedener Blickkontakt, Zeichen von Unruhe, Kippeln mit dem Stuhl, häufige Haltungsänderungen, verschränkte Arme, geneigter Kopf etc. Eventuell beurteilen Sie Ihr Publikum zu streng, vermeiden Sie also ein vorschnelles Urteil, das Ihre Präsentation negativ beeinflussen könnte. Zum Beispiel sind ein Finger auf der Wange, der Zeigefinger auf der Stirn oder ein leicht geneigter Kopf Zeichen für Interesse. Als allgemeine Regel sollten Sie bei Präsentationen Folgendes beachten:

- **Interesse wecken**: Versuchen Sie kontinuierlich Interesse, wenn nicht sogar Leidenschaft, bei Ihrem Publikum zu wecken.

Damit das überhaupt möglich ist, müssen Sie sich mit dem Thema einwandfrei auskennen und an das glauben, was Sie sagen, natürlich lächeln, sowie ruhig und entspannt bleiben. Wenn Sie so vorgehen, werden Sie schnell merken, dass Ihre Gesten mit Ihren Worten harmonieren.

- **Schaffen Sie ein Vertrauensverhältnis**: Stellen Sie sich vor, dass Sie Ihre Ideen jemandem präsentieren, dem Sie vertrauen. Behalten Sie das Gefühl, das Sie dabei verspüren bei, denn es wird Ihnen ermöglichen, eine authentische Beziehung zu Ihrem Publikum aufzubauen und es zu begeistern.
- **Strahlen Sie eine positive Dynamik aus**: Schauen Sie Ihren Kollegen in die Augen und gestalten Sie Ihre Präsentation lebhaft, indem Sie Raum einnehmen. Stellen Sie sicher, dass jede Ihrer Bewegungen Ihre Worte reflektiert und nähern Sie sich so weit wie möglich Ihrem Publikum. Je näher es sich Ihnen fühlt, desto eher wird es zuhören und mitmachen. Variieren Sie Ihre Gesten und versuchen Sie die Gefühle Ihres Publikums zu erkennen.

> In dem Unternehmen, in dem ich arbeite, herrscht ein starker Wettbewerbsgeist, der sich teilweise in unkollegialem Verhalten niederschlägt: Zurückhalten von Informationen, beabsichtigte Missverständnisse, die Fehler verursachen, Lügen etc. Aus diesem Grund und um die wahren Absichten meiner Kollegen herauszufinden, denke ich, dass ich besser zwischen falschen und ehrlichen Kollegen unterscheiden könnte, wenn ich wüsste, wie ich ihr Verhalten analysieren kann.

Sie müssen sehr vorsichtig sein, wenn Sie das Verhalten einer Person analysieren, weil voreilige und unbegründete Interpretationen Sie in eine unangenehme Lage bringen können. Falls eine Person Ihnen gegenüber Unbehagen, Nervosität oder auch übertriebenes Selbstbewusstsein zeigt, ist es allerdings möglich, dass sie Ihnen gegenüber nicht ganz ehrlich ist.

- **Unbehagen erkennen**: Symbolische Barrieren (Arme, Tisch etc.), ein geneigter Kopf, ein auf einen Punkt fixierter Blick, Beine im rechten Winkel zum Körper, unruhige Hände, aber auch verengte Pupillen oder häufiges Blinzeln sind Anzeichen von Unwohlsein.

- **Nervosität erkennen**: Wenn die Person stark gestikuliert oder sich mehrfach durch die Haare fährt, kann dies auf einen Angstzustand hindeuten, vor allem, wenn diese Gesten von anderen Signalen begleitet werden, z. B. Zittern, exzessives Schwitzen, schnelles Atmen, ein trockener Mund etc.
- Kaschiertes Verhalten erkennen: Sich in einen Sessel lümmeln oder häufiges Gähnen ist gewollt lässig und lenkt in Wirklichkeit von Unbehagen oder Unehrlichkeit ab. Jemand, der etwas verstecken will und mit seinen Worten nicht mehr weiterkommt, gestikuliert meist unnatürlich viel – das hat zwar eine theatralische Wirkung, die Person zieht aber so zumindest für einen Moment die Aufmerksamkeit der Zuhörer auf sich.
- **Lügen erkennen:** Während man vermeiden sollte, nur aufgrund seiner Intuition ein Urteil zu fällen, deuten doch bestimmte Anzeichen auf eine mögliche Lüge hin:

- Jegliche Anzeichen von Nervosität, besonders wenn sie nicht gerechtfertigt ist, kann Fragen aufwerfen.
- Unklares Verhalten, genauso wie Fehlverhalten, verdient besonderer Aufmerksamkeit: ein Kopfschütteln, was im Gegensatz zu dem steht, was die Person sagt, fehlendes Mirroring, schnelleres Blinzeln als gewöhnlich, eine hochgezogene Augenbraue, die zeitweise Falten in der Mitte der Stirn entstehen lässt etc.
- Versuche etwas zu verstecken sind die markantesten Beispiele: sich die Augen ohne ersichtlichen Grund reiben, den Mund mit einer Hand bedecken etc.

JETZT SIND SIE GEFRAGT!

Hier sind drei Aufgaben, mit denen Sie Ihre Körpersprache drastisch verbessern können.

AUFGABE 1: DAS LEBEN VOR IHREN FÜSSEN

Hören Sie beim Gehen auf, Ihre Füße anzustarren und halten Sie stattdessen Ihren Kopf hoch und schauen Sie in Richtung Horizont. Sie werden eine größere Präsenz und Offenheit gegenüber der Welt entwickeln und Ihre Interaktionen werden sich grundlegend ändern:

- Sie werden von selbst den Blick der Person Ihnen gegenüber suchen und ihr den Eindruck geben, dass Sie sich für sie interessieren, wodurch Sie ein positives Bild von sich geben. Damit sich die Person nicht unwohl fühlt, brechen Sie den Augenkontakt von Zeit zu Zeit ab und schauen Sie woandershin.

- Anstatt schüchtern zu gucken, müssen Sie einen Weg finden, selbstbewusst der Situation entgegenzusehen. Warum probieren Sie nicht mal die folgende Methode aus? Fixieren Sie einen Punkt zwischen den Augen der Person, ohne ständig von einem Auge zum anderen zu wechseln, bis Sie sich an die Situation gewöhnen.

AUFGABE 2: DER UNBETEILIGTE BEOBACHTER

Gehen Sie an einen Ort, an dem Sie die Möglichkeit haben, Menschen zu beobachten, ohne zwingend mit ihnen interagieren zu müssen: eine Universität, ein öffentliches Transportmittel, eine Menschenmenge, eine Bar etc. Beobachten Sie unauffällig jede Person von Kopf bis Fuß. Welche Botschaften vermittelt ihre Körpersprache?

Wiederholen Sie die Aufgabe dieses Mal beim Fernsehen.

- **Beobachtung**: Schauen Sie sich zum Beispiel eine Talkshow mit ausgestelltem Ton an.
- **Interpretation der Ausdrucksweise**: Beschreiben

Sie als nächstes die Charaktereigenschaften der Personen (dominant, arrogant, autoritär, überzeugend, schüchtern, unterwürfig, verführerisch etc.) nur auf Grundlage Ihrer Beobachtungen der Körpersprache. Schauen Sie dann die Sendung ohne Bild, diesmal mit eingeschaltetem Ton. Schreiben Sie nun den Personen, die Sie hören, erneut Charakterzüge zu.

- **Ergebnisse**: Stimmen die Charaktereigenschaften in beiden Fällen überein? Obwohl es sehr wahrscheinlich ist, dass Sie zu den gleichen Ergebnissen gekommen sind, fiel es Ihnen wahrscheinlich leichter, die Personen anhand ihres Verhaltens zu bewerten als anhand ihrer Stimme.

AUFGABE 3: ENTDECKEN SIE DIE GRENZE IHRES PERSÖNLICHEN RAUMS!

Führen Sie diese Aufgabe mit einer Person durch, mit der Sie keine enge Beziehung haben, um die Grenzen Ihres persönlichen Bereichs zu erkunden. Stellen Sie sich einige Meter entfernt voneinander hin und beginnen Sie ein Gespräch.

Lassen Sie die Person nach und nach näherkommen, bis Sie sich nicht mehr wohlfühlen. Messen Sie nun die Distanz, die sie voneinander trennt, und schon kennen Sie die Grenze Ihres persönlichen Bereichs.

Vergleichen Sie das Ergebnis später im Alltag bei realen Begegnungen – von Treffen mit nahestehenden Personen bis welchen mit Fremden –, um den Abstand zu bestätigen.

Ihre Meinung ist uns wichtig!
Hinterlassen Sie doch einen Kommentar auf der
Seite unserer Online-Buchhandlung
und teilen Sie Ihre Favoriten in den sozialen
Netzwerken!

DARÜBER HINAUS

LITERATURVERZEICHNIS

- Ekman, Paul: *Emotions Revealed. Recognizing* Faces and Feelings to Improve Communication and Emotional Life. Hachette UK: London 2012.

- Gevrey-Guinnebault, Cécile: *Et si je faisais bonne impression! Communication non verbale. Mode d'emploi.* Kollektion „Et si". Eyrolles: Paris 2014.

- Goldin-Meadow, Susan; et al.: „Gesture's Role in Learning Arithmetic". In: *Emerging Perspectives on Gesture and Embodiment in Mathematics.* Information Age Publishing: North Carolina 2014.

- Hall, Edward Thomas: *Die Dimension des Raumes.* Schwann: Düsseldorf 1976.

- Mehrabian, Albert: *Silent Messages. Implicit Communication of Emotions and Attitudes.* Wadsworth: Belmont 1981.

- Messinger, Joseph: *Ces gestes qui vous trahissent.* First Éditions: Paris 1994.

- Messinger, Joseph: *Le sens caché de vos gestes.* First Éditions: Paris 2002.

- Messinger, Joseph: *Le dico illustré des gestes.* Flammarion: Paris 2009.

- Pease, Allan: *Body Language. How to Read Others' Thoughts by their Gestures.* Camel Publishing: Sydney 1981.

- Tardy, Martine: *Morphopsychologie. Traité pratique. Lire le visage et comprendre la personnalité.* Éditions Dangles: Escalquens 2012.

- Watzlawick, Paul; et al.: *Une logique de la communication.* Seuil : Paris 1972.

- Zitat von Isaac Bashevis Singer. In: *Zitate.de* https://www.zitate.de/autor/ Singer%2C+Isaac+Bashevis (14.01.2019).

WEITERFÜHRENDE LITERATUR

- Feldenkrais, Moshé: *Die Feldenkrais-Methode in Aktion. Eine ganzheitliche Bewegungslehre.* Junfermann: Paderborn 2006.

- Groll, Tina: „Die Körpersprache der Macht verstehen" (14.10.2013). In: *Zeit Online.* https://www.zeit.de/karriere/beruf/2013-08/ koerpersprache-der-macht (14.01.2019).

- Homepage von Paul Watzlawick. https://www.paulwatzlawick.de/axiome.html (14.01.2019).

- Homepage von Paul Ekman. https://www.paulekman.com/ (14.01.2019).

- „Killerkriterium Körpersprache" (14.30.2015). In: *Frankfurter Allgemeine.* https://www.faz.net/aktuell/beruf-chance/beruf/ bewerbungsgespraech-koerpersprache-13472300. html (14.01.2019).

Die präsentierten Inhalte werden vom Herausgeber überprüft, dennoch übernimmt dieser keine Haftung für die inhaltliche Richtigkeit, Vollständigkeit und Aktualität der vorgestellten Inhalte.

© **50Minuten.de, 2019. Alle Rechte vorbehalten.**

www.50Minuten.de

ISBN digitale Ausgabe: 9782808013949

ISBN gedruckte Ausgabe: 9782808013956

Pflichtexemplar: D/2018/12603/456

Cover: © Plurilingua

Digitale Aufbereitung: Primento, der digitale Partner der Herausgeber